AF339748

PARTI OUVRIER. — RÉGION DU NORD

SECTION ARMENTIÉROISE

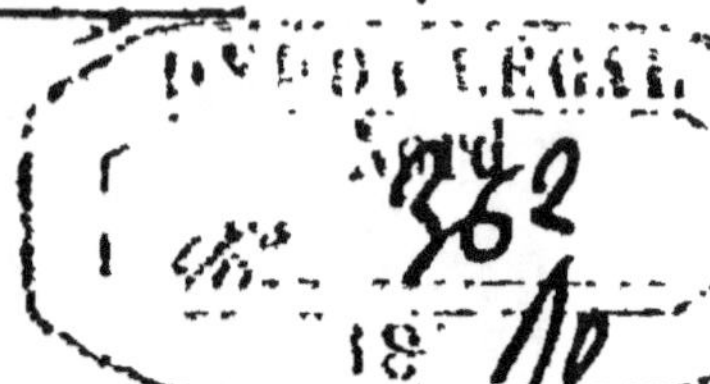

RÉPONSE

au Journal d'Armentières

ET

aux pantins de l'Hôtel-de-Ville

PRIX : **10 centimes**

EN VENTE CHEZ H. DESCHILDRE, 20, RUE DE LILLE

ARMENTIÈRES

LILLE

IMPRIMERIE OUVRIÈRE, RUE DE BÉTHUNE, 21

1890

Quels sont les motifs de cette brochure?

Depuis la manifestation du premier mai, le Parti ouvrier d'Armentières est en pleine voie de réorganisation et d'agitation. Il a réussi à grouper sous l'étendard des revendications prolétariennes, des centaines d'ouvrières et ouvriers de l'industrie textile. La force de ce Parti est telle qu'aux dernières élections des prud'hommes, il fit triompher les candidats du syndicat ouvrier. Mais la morale de cette forme d'élection, c'est l'exécution en règle de l'anarchiste Decarme, qui, reniant ses principes abstentionnistes, eut le front de se présenter comme candidat aux électeurs de notre juridiction corporative.

Or, c'est depuis ce temps-là, surtout, que le journal d'Armentières, ouvrant ses colonnes à la presse du renégat, inséra sans pudeur toutes les calomnies, tout le venin que peut distiller un reptile contre d'honnêtes et laborieux prolétaires, contre de loyaux et fermes citoyens.

Nous vîmes cette chose édifiante : Decarme devenant l'agent, le valet, l'homme à tout faire de la bande opportuniste qui pullule au Cercle : «la Concorde» et domine à l'Hôtel-de-Ville. Pour répondre aux attaques dirigées contre eux dans la feuille de chou en question, les citoyens Deschildre, Névejans et Flament se présentèrent au bureau de M. Verbaere, le 17 juillet dernier, pour demander l'insertion d'une réponse à un article écrit par le nommé Graignon, et signé Decarme (Graignon est le Secrétaire complaisant de l'homme d'affaires de toutes les réactions) article paru la veille dans le journal d'Armentières. M. Verbaere lut la réponse dont on lui demandait avec justice l'insertion intégrale, voulut censurer, châtrer certains passages, puis, voyant que les citoyens offensés exigeaient d'une façon comminatoire l'insertion de la réponse telle qu'elle, il se réfugia dans son bureau, les suppliant de bien vouloir sortir de chez lui, mais ne se croyant pas encore en sûreté, il se mit à courir à toutes jambes, en proie à la plus grande terreur, cherchant un refuge jusque dans les coins les plus reculés de son imprimerie. Cette guerre était ridicule d'autant plus que les dits citoyens n'avaient nullement l'intention de renouveler le *coup de la Dépêche*.

Des hommes de cœur n'ont pas l'habitude de se mettre à trois contre un, quand ils jugent une correction nécessaire.

Bref, le journal d'Armentières refusa les justifications des socialistes calomniés et continua contre eux son infâme campagne.

Dans ces conditions, puisque la presse locale nous refusait le droit de défense, nous décidâmes la publication d'une brochure, dans laquelle l'on réfuterait toutes les accusations ineptes lancées contre les membres du Parti ouvrier d'Armentières et fustigerait, comme ils le méritent, les pantins et les vendus de l'opportunisme qui ont pris une part directe ou indirecte dans toute cette odieuse affaire.

Tels sont les motifs de la publication de cette brochure.

Croyant sans doute pouvoir détruire définitivement la popularité croissante et justement acquise du groupe d'hommes persévérants et dévoués qui réussissent enfin après des années de luttes, à organiser solidement les prolétaires, la réaction bourgeoise opportuniste s'est servie de la presse vénale et d'individus louches et sans aveu, pour frapper des citoyens sans défense.

Le but du journal qui s'est fait l'égoût collecteur d'un traître à sa classe, était de faire croire à la population que nous n'avions aucun argument de défense et que tout ce dont nous accusait Decarne, l'élève des Pourbaix, et des Brenin était irréfutable.

Nos adversaires de classe ne devraient cependant pas oublier le proverbe : Qui rira bien qui rira le dernier.

Nous allons rire à notre tour. Nous avons dans cette

brochure toute une série de portraits à la plume et nous espérons que nos lecteurs les trouveront réussis.

Nous ne ménageons pas nos adversaires : cela tient à ce qu'ils ne nous ont pas ménagé non plus. Tout le bazar y passera, depuis M. Chas, le maire ; Decherf, l'adjoint ; les Denis, l'homme aux 36 emplois et Somon, dit l'Eléphant, ainsi qu'Allemand, le plumitif, du *canard* mal plumé de notre bienheureuse cité, jusqu'aux sous-ordres, aux agents des véreuses affaires politiques, Graignon, le mannequin de Ste-Opportune et son intime jusque dans ses *écritures*, le sieur Decarme, le plus dégoûtant de la bande.

Ce que nous voulons par cette brochure, c'est démontrer d'une façon précise, le rôle qu'a joué chacun des personnages que nous citons, par des comparaisons entre leurs actes et leurs principes dévoiler ces hommes qui ont une notoriété dans la vie politique de notre localité industrielle.

Nous désirons que l'opinion publique soit juge dans tout ceci, et puisse décider en connaissance de cause. Nous voulons, que le public décide entre les hommes d'un parti de réaction qui n'a plus pour se défendre que l'hypocrisie et la calomnie, et ceux qui représentent un parti nouveau qui a pour drapeau le rouge étendard de l'émancipation du prolétariat, et pour but, la République sociale universelle.

—∘∘⤬∘∘—

PORTRAITS A LA PLUME

— —

I

M. Chas, maire, « dit le vainqueur de Pont-Noyelle »

A tout seigneur..... tout honneur !

Monsieur Chas est grand industriel, ce n'est pas parce qu'il est républicain que dans son bagne, le travail serait plus attrayant et plus rémunérateur que dans ceux de ses collègues réactionnaires.

Ce n'est pas parceque M. Chas est patriote, qu'il voudrait, pour conserver la race française, diminuer un peu les travaux forcés de ses ouvriers.

M. Chas est partisan de l'union des classes de l'union des exploiteurs et des exploités, son amour pour ces derniers est si grand, que lors de la grève quand ils réclamaient du pain, il était près de les faire nourrir à coups de baïonnettes.

Il ne voit pas un danger dans la participation des ouvriers au bénéfice à condition que la part du capitaliste soit très forte.

Il est aussi un partisan de la liberté, seulement, à l'exemple de ses collégues les plus réactionnaires tels que Dutilleul, Coulombier, Cardon, Fauvarghe, etc, il existe dans son bagne un système perfectionné de reportage et de moucharderie qui permet à ce bon patron ou à son beau-frère ex-officier de marine, de flanquer dehors c'est-à-dire de réduire à la liberté de mourir de faim, les ouvriers qui n'ont pas l'échine assez souple.

Diable! c'est que pensez donc, scrongnieugnieu, ni patron, ni directeur ne peuvent souffrir plus les fortes têtes dans la vie civile que dans la vie militaire! Que deviendrait la société?

Une preuve entre toutes que les choses vont rondement et d'une façon toute militaire dans cette fabrique modèle. Dernièrement un ouvrier fut mis en quinzaine pour avoir été grossier envers son supérieur, son chef d'atelier, parait-il. Il alla trouver le directeur pour lui demander des explications; celui-ci lui répondit briévement que, dans l'armée ceux qui répondent trop hautement à leurs supérieurs ou refusent d'obéir sont condammés à des peines sévères allant parfois à la peine de mort.

Il entendait, lui, que la discipline qui existe dans l'armée existât de même dans son atelier. La commission de reportage établie pour faire la police secrète du bagne est appelée parfois pour donner son avis. Les ouvriers sont unanimes à reconnaître que dans ce bagne rien ne manque pour servir à souhait les tyrannies et persécutions patronales. Ce patron, maire d'une ville grande et industrieuse, essentiellement ouvrière, profite de son droit patronal absolu pour être dans son fief capitaliste, législateur par les réglements qu'il fait subir à ses salariés et qui sont les lois qu'il élabore lui-même, juge puisqu'il exécute lui-même et séance tenante les peines et les sentances qu'il inflige à ceux qui se trouvent en défaut, et percepteur puisqu'il retient, extorque, sous forme d'amendes une partie des salaires dérisoires de ses exploités. C'est dans l'ordre bourgeois.

M. Chas a été colonel et porte-la-croix. Ce n'est certes pas pour des faits glorieux accomplis en 1870 aux batailles de Qayrieux et de Pont-Noyelle, puisqu'à l'une de ces batailles, étant descendu de son cheval tant il craignait, paraît-il, pour sa peau, on fut obligé de le contraindre, le revolver sous le nez, à remonter en selle pour marcher au combat.

Il est probable que si on l'eût laissé faire, il eut trouvé un autre chemin que celui de l'ennemi, ou qu'il eut trouvé le même sort que celui qui fut réservé au petit sire de Fichetoncamp dans sa mémorable campagne contre les Zoulous.

Ce n'est donc pas pour une campagne aussi.... glorieuse que M. Chas fut décoré vingt ans après. Ce serait, croyons-nous, une récompense trop tardive.

A la belle conduite de M. Chas, lors de la grève de mars 1889 où il laissa charger les ouvriers tisserands par un escadron du 19ᵉ chasseurs à cheval. Cette victoire, plus célèbre que celle de Pont-Noyelle, lui méritait bien la croix; mais cette croix lui sera plus lourde à porter que celle de l'Homme de Golgotha de légendaire mémoire.

M. Chas est maire !

Oui, cet exploiteur modèle, ce preux de Pont-Noyelle, ce chevalier... de cet *ordre* dont Wilson faisait de si fructueuses recettes, est premier magistrat de la populeuse cité armentièroise. Ses actes, vous les connaissez! Il s'est montré en tout aussi féroce envers les prolétaires que ne l'auraient pu être ou l'ont été les bourgeois réactionnaires pendant tout le temps qu'ils ont eu le pouvoir municipal.

Il a maintenant une municipalité qui lui est, en tous points, servile : il n'a rien à craindre de ce côté.

Au temps où siégeaient à l'Hôtel-de-Ville quelques ouvriers, les choses n'allaient pas toutes seules, et nous nous souvenons que devant les questions indiscrètes de ces conseillers, devant leurs procédés de contrôle et de défense des intérêts du prolétariat de la cité, M. le maire menaça et rendit sa démission.

Ceci se passa après la grève des tisserands, en 1889. Les conseillers ouvriers ayant donné d'une façon très digne leur démission après avoir protesté contre le vote du conseil municipal sur la question du crédit pour les frais de déplacement et de séjour des troupes sur le terrain de la grève, M. Chas se hâta, tout en ayant l'air de s'en faire prier, de retirer sa démission quelque temps après et de se remettre, sûr de n'être plus gêné par la suite, à la tête des affaires de la cité.

Il y eut à ce sujet une véritable comédie. M. Chas feignait de maintenir sa démission ; toute la coterie de haute et basse conditions suppliait M. le maire de redevenir maire. M. Chas ne se décidait point. Alors, le père Wable, le doyen des portefaix, et autres agents électoraux réunirent des ouvriers complaisants et allèrent supplier M. Chas de bien vouloir retirer sa démission.

Emu jusqu'aux larmes, touché jusqu'au dernier replis de son cœur, M. Chas voulut bien se rendre au vif désir de la *population unanime* à le réclamer à la magistratore suprême. Et le tour fut joué.

Avant son entrée dans les affaires municipales, il y avait un bataillon scolaire ; ce patriote, ce républicain, qui voit peut-être avec terreur dans cette jeunesse que l'on exerçait à la vie militaire les soldats-citoyens de l'avenir, les milices de la République sociale, ce bourgeois, qui aime à voir avant tout dans le soldat une machine aveugle du militarisme, brisa cette institution et bien d'autres encore.

Depuis ses exploits de la grève où ce trembleur promettait aux ouvriers tout ce qu'ils voulaient dès qu'il sentait du danger pour sa peau et... pour sa caisse et faisait venir des troupes, s'entourait de baïonnettes pour renier ensuite les promesses que lui et ses collègues patrons avaient faites, sitôt le danger passé, cet ennemi de la classe ouvrière parce que capitaliste, fait tout ce qu'il peut pour refaire sa popularité compromise: il fait des dons aux sociétés de jeux, de tir, de gymnastique, etc.

Imitant les anciens conseillers réactionnaires qui créaient partout des sociétés de vingt, etc. pour se maintenir, se cramponner au pouvoir municipal, il crée des ligues dites républicaines où il cherche à y englober les forces ouvrières: mais c'est peine perdue pour lui et les siens; l'Opportunisme — cette nouvelle forme de réaction — es fini à Armentières; l'avenir de la cité appartient au Socialisme.

M Chas montre tout son républicanisme en choisissant ses fonctionnaires parmi ses agents électoraux sans se préoccuper des capacités qu'ils doivent posséder pour remplir dignement leurs fonctions: si bien que la ville se voit sous la dépendance et mise en coupe réglée par des budgétivores incapables et éhontés.

Nous reviendrons même plus loin sur un personnage très connu de notre population et qui fait l'épatement des badauds de la ville: j'ai nommé Guillaume le chef d'octroi bien connu sous le surnom de Barbe-Bouc. Ce type modéle démontre ce que produit de singulier, le favoritisme De tous les favorisés de M. Chas, c'est la fleur du bouquet!

En fait de gestion des finances, de travaux, de voirie, d'assistance, d'hygiène, de réjouissances publiques, d'instruction et d'éducation, tout est pour le mieux dans ce céleste Empire. Armentières est la cité du Soleil: c'est la République d'Icarie. Il ne manque plus qu'un vrai travail, digne des Romains, à accomplir. Il faut, à notre cité, un hercule moderne qui détournant les eaux de la Lys, les dirigerait sur l'Hôtel-de-Ville pour en nettoyer les écuries d'Augias. Ça viendra!

Un point noir dans l'Olympe. Les déshérités, les damnés de la vie sociale s'unissent, forment des syndicats, des unions de métiers, des comités ouvriers dont le but est l'émancipation des prolétaires par eux-mêmes. Ces travailleurs organisés veulent se rendre les maîtres de la Commune et de l'Etat et faire ainsi leurs affaires eux-mêmes. Mais le maire veille et pour sauver l'ordre il ne regarde à rien: la fin, se dit-il, justifie les moyens. Ce maire emploie à son service de police politique des traîtres, des renégats!

II.

Pris en tas !

Nôtre Maire a un Conseil digne de lui : ce n'est pas peu dire.

Les fonctions municipales sont gratuites, mais cette gratuité coûte plus cher aux contribuables que ce que pourraient coûter nos édiles s'ils étaient rétribués.

Pourquoi ? Mais parce que, grâce à cette gratuité, les ouvriers sont ainsi écartés des affaires publiques : ce qui permet aux bourgeois de les gérer comme ils l'entendent et au mieux de leurs intérêts particuliers et de classe.

Nos conseillers, sont avant tout bourgeois. On peut s'en apercevoir, quand ils décident des projets de voirie ou des travaux publics. C'est à qui s'arrangera, quand il est question d'expropriation pour l'élargissement et l'alignement des rues, la création de places ou de squares, l'établissement de voies nouvelles, d'écoles, de marchés, etc. pour que la pioche du démolisseur passe dans leurs propriétés.

Tout se fait dans les coulisses et en côterie ; ce n'est que pour la forme que l'on discute dans les séance publiques du conseil ; tout est fait et débattu à l'avance et le peuple des tribunes n'y voit que du feu.

Ils sont, les uns, Gascons, les autres, la majorité auvergnats. Nous allons en prendre trois dans le tas et vous les dépeindre ; cela vous suffira pour juger toute l'édilité opportuno-bourgeoise.

Je prends au hasard M. Decherf, premier adjoint, et conseiller prud'homme patron, et je vous le présente.

Ce grand industriel est associé à un réactionnaire avéré. Vous allez dire qu'il n'y a à tirer de cela aucune conséquence et que, après tout, les affaires sont les affaires. D'accord, c'est comme dans les grandes exploitations : les bourgeois de tous les partis sont associés, par conséquent actionnaires et intéressés aux bons bénéfices ; que les ouvriers fassent grève pour maintenir l'intégralité de leurs maigres salaires ou pour obtenir ce qui leur est dû, vite, les bourgeois républicains et réactionnaires se coalisent et en appellent aux baïonnettes de l'*Ordre*. Mais bref, les *affaires* sont les *affaires* ! Pour la gouvernance de son bagne industriel, il prend modèle sur son ami Chas et semble vouloir le surpasser : A exploiteur, exploiteur et demi !

Maître Decherf est un homme très fort, d'une corpulence exceptionnelle ; c'est un gros butor, à la voix brute, au caractère vindicatif. Depuis qu'il s'occupe de la chose publique, il pouvait devenir très populaire, mais sa manière de faire déplaît à tout le monde : c'est un monstre à face humaine. Il est le bouche-trou de toutes les administrations quand le maire est empêché, il signe toutes ses pièces comme suit : pour le maire empêché, l'adjoint délégué Decherf. Il lui est impossible de tenir conversation avec qui que ce soit. Quand on lui parle, il s'échauffe, la colère lui monte à la tête, gonfle ses yeux et ses joues ; il devient inabordable.

Inutile de dire qu'il n'aime pas les socialistes et qu'il ne les veut à aucun prix dans son fief capitaliste. Charbonnier, n'est-il pas maître chez lui ? Comment ! donner du travail à des « partageux », à des « rouges », qui rêvent la revanche de la Commune ? jamais de la vie !

En prud'hommie, c'est le conseiller patron le plus irrascible, le plus réfractaire au droit du travailleur.

Qu'il fasse parti du bureau particulier ou du bureau général, il ne veut aucune entente, nulle conciliation, et prétend toujours que le patron a raison. Si on veut s'en convaincre, que l'on interroge l'ouvrier qui passe sous sa coupe, ou que l'on assiste au bureau général quand il siège, et l'on sera pleinement édifié.

Dans son bagne, le tarif général consenti librement (mais violé par l'administration en mars 1889), est loin d'être appliqué. D'ailleurs, M. Decherf a toujours été l'un des patrons qui ont payé le moins, à l'exception de deux ou trois bagnes capitalistes comme celui qui a obtenu le surnom populaire de la *Mine d'Or*.

De cet exploiteur aussi, le suffrage universel aura le devoir de régler le compte et de le renvoyer aux dieux pénates.

A qui le tour?

Le tour est au gros Léon, à Somon, dit l'*Eléphant*. Somon est conseiller municipal et président du cercle opportuniste la *Concorde*. Il doit son sobriquet à son énorme corpulence, à sa poigne solide, à sa paresse et à ses roublardises des élections de prud'hommes de 1889.

Il n'aime pas non plus les socialistes. Ce patriote si dévoué, qui contribua pour une large part à la destruction du bataillon scolaire, trouva le moyen de se faire réformer pendant la période de ses vingt-huit jours par le major de son régiment.

Ce gros Somon — soit dit sans calembourg — est natif de Bailleul. Etabli négociant dans son pays natal, il eut le... malheur d'être la victime d'incendies; il fit sauter les écus des Compagnies d'assurance et vint ensuite tenir négoce dans notre bonne ville dont il gère les affaires municipales.

Ce patriote négocie du coton grand teint rouge provenant d'Allemagne : il fait généralement des affaires avec les exploiteurs de cette nation.

C'est ce qui prouve que ces patriotes bourgeois ne sont que d'odieux farceurs qui ne cherchent qu'à diviser les prolétaires, à les parquer dans des frontières pour mieux les exploiter.

Ne leur parlez pas de l'*Internationale* à ces féroces spéculateurs qui n'ont pas même le courage de défendre leur patrie et qui, pour amasser de l'argent, pour faire leurs fortunes scandaleuses, ne craignent pas de ruiner leur pays en exportant leurs capitaux partout où il y a de bons placements, ou en favorisant la concurrence étrangère.

Somon, dit l'Eléphant, est de ces patriotes-là !

Après la grève de 1889, ce mastoque fit, dans cette feuille de pavots, le *Journal d'Armentières*, une campagne acharnée contre le citoyen Deschildre, le dénonçant comme chef du parti socialiste à la vindicte patronale. Il eut le plaisir de voir sa campagne malhonnête aboutir, car le citoyen Deschildre dut quitter le bagne où il travaillait depuis cinq ans comme chef d'atelier.

Détail complémentaire sur le courage de ce monsieur. Pendant la manifestation contre Cassagnac, le fameux Somon était avec Verbaere et Graignen aux fenêtres du premier étage d'un estaminet, regardant tranquillement les travailleurs socialistes se colletant sérieusement avec les conservateurs à tous poils. Le citoyen Deschildre, qui fut pris dans la bagarre, en fut quitte pour quelques mois de prison ; mais Somon en fut quitte pour une canne qu'il ramassa après la bataille et qu'il doit encore avoir chez lui.

Les ouvriers socialistes n'étaient sans doute pas non-plus, à cette époque, des républicains?

Si vous voyez un jour, ami lecteur, un gros monsieur, se pavanant dans la rue avec un air de tout abattre, se donnant du ventre, s'imposant en marchant et regardant autour de lui pour voir si son aspect attire l'attention du public, saluez car c'est le gros Somon, Léon pour les dames, que l'on surnomme irrespectueusement l'*Eléphant*, tant il est vrai qu'on se moque de tout en France. Saluez ce grand homme, car c'est un de vos édiles, une gloire locale que malheureusement les dieux pénates réclament à leur foyer natal.

Et de deux!... Encore une gloire locale: c'est M. Denis (soit disant candidat ouvrier, mais dangereux pour la classe ouvrière. Il cumule tant, qu'on le surnomme: « l'homme aux trente-six emplois. » Au fait on a bien surnommé Constans « l'homme aux trente-six bêtes! »

Ce partisan du cumul ne doit pas pas être partisan de la rétribution des fonctions municipales ou du moins il doit s'en battre les flancs.

M. Denis est médaillé et pensionné pour une blessure à la main. Outre son emploi de conseiller, il est receveur buraliste et débitant de boissons; il se contente de ce petit pot-au-beurre; il ne veut pas de pots-de-vin et craint les pots-aux-roses. Les gens ne sont pas contents de lui; on trouve à redire sur le nombre de ses enfants, on dit qu'il ne saurait pas sacrifier ses intérêts personnels pour ceux de la ville; mais il se moque du qu'en dira-t-on. Il n'aime pas les socialistes non plus, parce que, dit-il, en songeant à ses fonctions multiples, ce sont des *partageux:* C'est égal! ce M. Denis qui montre trop d'intégrité et de dévouement à la République s'apercevra sans doute bientôt du proverbe: « Qui trop embrasse, mal étreint. »

Maintenant que nous avons dit ce que nous pensions du maire, de certains édiles, et d'un conseil municipal qui, loin de voter, comme l'ont fait tant de fois la municipalité parisienne et les municipalités socialistes de France, des subsides de secours pour les familles des ouvriers en grève a, au contraire, voté, lors de la grève dernière, les frais des troupes non-demandées par la population à la charge des contribuables, nous allons faire le Portrait à la plume du sieur Verbaere, directeur-propriétaire du journal qui défend, et la municipalité, et la politique opportuniste, et les intérêts économiques de la classe bourgeoise, c'est-à-dire de celui qui dirige le *Journal d'Armentières*, organe reptilien dont la tactique actuelle consiste à jeter la suspicion la haine et la division parmi les associations ouvrières et socialistes. Nous ferons ensuite les Portraits des valets et nous tâcherons de les bien réussir.

Ce sera ainsi pour le Parti ouvrier si calomnié dans ses membres les plus militants une œuvre de salubrité politique d'assainissement moral d'accomplie.

Continuons à mettre une main profane sur les masques.

III

Au proprio du Journal d'Armentières

A nous de rire, à présent !

Monsieur Verbaere est proprio d'une feuille de chou dont la lecture seule est plus active sur les yeux que le pavot.

Monsieur Verbaere est rédacteur de son journal, mais ce sont d'autres plumes que la sienne qui écrivent les articles signés de son nom.

Il n'y a pas jusqu'à la maison et le journal qu'il ne dirige même pas lui-même.

Il ne connaît pas le prix d'un article de dix lignes, seulement.

Qui dirige, qui administre le journal ?

Cherchez la femme.

Verbaere est un ancien séminariste, ayant jeté sa robe aux orties, pour courir la prétentaine, et pour assouvir librement ses passions alcooliques. Il ne connaît que le cotillon et l'ivresse, et ne sait, pendant que sa femme a le dos tourné, que filer comme un voleur de chez lui, pour aller satisfaire son vice, dans le plus proche cabaret.

Les ouvriers de sa maison sont payés de 25 à 30 0/0 de moins qu'ailleurs. Quand il est ivre, et qu'il reçoit un galop à la maîtresse de céant, il se venge en brutalisant ses ouvriers et surtout les apprentis, puisqu'il n'y a plus que des apprentis, pour ainsi dire, dans la cage de ce *singe*.

Son journal est une julienne politique. On voit par là qu'il est institué pour exploiter purement et simplement la crédulité publique. Ce Verbaere est tantôt opportuniste, tantôt radical, et tout ce que l'on veut en *iste* : en un mot, c'est un fumiste qui cherche sans doute le moyen de se faire six mille francs de rente, non pas avec l'art d'élever les lapins, mais avec celui d'en poser à ses lecteurs, avec son canard.

Le courage, cette vertu romaine, n'est certes pas le monopole de Verbaere. Il s'avisa un jour d'attaquer Dansette, dit le *gommeux*; le réactionnaire bien connu vint dans les bureaux de son journal, et le souffleta. Il ne riposta pas, ce qui est raide !

Un autre jour, cet acrobate de la politique fut poursuivi pour un article diffamatoire, concernant un marchand de porcs. Condamné par le tribunal à cinquante francs d'amende, il se mit à pleurer comme un veau sur son banc des accusés, en face des juges. Quelle attitude aurait-il donc si un jour il comparaissait devant la justice du peuple ?

Oh non ! Ferry n'est pas encore le dernier des lâches.

La polémique infâme et calomnieuse engagée contre le Parti ouvrier dans le journal opportuniste d'Armentières n'a pas d'autre raison que celle de nuire à ce Parti du travail dont l'activité déconcerte tous les vieux partis. Chacun sait que Verbaere est membre du cercle opportuniste, et que rien ne paraît dans son canard sans que les amis dudit journal ne soient consultés surtout en ce qui consiste laquestion ouvrière. C'est donc, sans aucun doute, après une entente préalable et commune entre toute la bande à Riquiqui, que *le Journal d'Armentières* se prête si volontiers aux démélés du sieur Decarme et le Comité Armentiérois du Parti ouvrier. Il y a même évidemment parti-pris et arragement convenu, puisque ce journal en question refuse les justifications. Nous rendons donc responsable de cette ignoble campagne le parti opportuniste tout entier. C'est odieux de seservir d'un homme de paille, d'un vendu comme Decarme pour combattre un parti de travailleurs.

Un grand nombre de citoyens se sont abstenus d'acheter le Journal d'Armentières depuis sa conduite édifiante pendant les grèves de Mars 1889 et de chez Dulac. Nous faisons appel à la conscience honnête à la dignité de tous ceux qui le lisent encore en les invitant à lâcher cette feuille inepte de tous les honnêtes gens. Citoyens, faites la grève à ce journal de bas étage!

IV

Après les maitres, les valets.

Guillaume dit Barbe-Bouc

C'est d'un chef d'octroi qu'il s'agit ici. Ce type de fonctionnaire favorisé a remué la ville de fond en comble pour réussir à capter la confiance de M. Chas et de ses collègues. Dès son entrée à ce poste agréable, il a commencé par surélever les tarifs d'octroi sur toutes les denrées qui entrent en ville et à imposer des droits sur tous ceux qui déposaient des objets sur leurs trottoirs. On trouva ainsi au bout de l'an dans le trésor municipal un surcroît de recettes. Comme on le voit, ce système est ingénieux!

Aussi, lors de la discussion du budjet, le maire s'empressa de demander au Conseil une augmentation de 800 francs d'appointement pour cet employé. C'est grâce à nos amis qui siégeaient à cette époque à l'Hôtel-de-Ville que cette proposition fut repoussée. Ce qui fait que depuis l'époque, quand on parle devant Guillaume des socialistes, il en devient vert-pomme. Cette proposition, renouvelée l'année dernière a été acceptée — les conseillers ouvriers n'étant pas là!

Ensuite, il fit croire à l'administration à la nécessité de créer un marché aux bestiaux et un marché aux oiseaux.

Pour tous les frais de création de ces marchés, on peut affirmer que, rie nque pour le marché aux bêtes, la Ville n'a jamais vu un sou de profit. Les marchands de bestiaux sont abstreints, pour l'exposition de leurs bestiaux, à un droit d'entrée de 30 francs 10 cent , pour chaque bête à cornes. Il faut donc que les marchands se munissent de sommes d'argent considérables, sans être surs de faire leurs affaires. Quand il faut que les marchands se fournissent de centaines et de milliers de francs pour payer les droits d'entrée de leurs bêtes, on vient certainement au marché le moins souvent possible et simplement quand la nécessité s'en fait sentir. Et voilà pourquoi le marché aux bêtes de notre ville est si peu fréquenté et ne rapporte rien à la caisse municipale et cause ainsi, dans notre localité, la cherté de la viande.

Dans aucune ville de la région — même la plus importante, à Lille, le droit d'entrée des bêtes à cornes est de 4 francs (à peu près un huitième). Voilà comment on favorise le commerce dans notre ville, sous la haute administration de M. Chas. Notre maire est par trop protectionniste. Vraiment, les plus bêtes ne sont pas celles que l'on pense !

Il en est de même pour ce qui concerne les halles, et, pour s'en convaincre, il n'y a qu'à se donner la peine d'aller les visiter, et consulter les petits qui font la vente.

Et vous verrez par vous-même qu'il n'y a de la part de ce fonctionnaire et de l'administration complice, qu'imposition arbitraire, violation de tarif et de règlement.

Oui, voilà les services que rend à ses maîtres, ce fonctionnaire incapable, arrivé à un poste important sans autre mérite que celui d'avoir été l'agent électoral de la réaction d'être un réactionnaire et un ancien protégé à M. Plichon.

Oh! vite, vite, le coup de balai formidable qui nous débarrassera de cette clique infernale !

Parlons de Graignon

Graignon est un gratte-papier, employé à l'état civil : il

fut longtemps attaché à la ville comme agent de la sûreté ;
il fréquenta même à cette époque le groupe socialiste qui
siégeait rue d'Ypres, moins pour étudier le socialisme que
pour surveiller les citoyens qui s'en faisaient les propa-
gateurs.

A cette époque, (détail caractéristique), il était de toutes
les nuances révolutionnaires : socialiste, anarchiste, tout
ce que l'on veut en *iste*, car il ne demandait qu'à se laisser
convaincre et .. à convaincre. C'est même en étudiant ensemble, qu'ils finirent, Decarme et lui, par se... convaincre
mutuellement.

Il devint donc anarchiste. Et pour montrer bien haut ses
préférences pour l'anarchie, il se laissa souvent aller jusqu'à crier : Vive l'anarchie ! Seulement, il suffisait de l'in-
tervention des amis pour mettre ce pseudo-anarchiste à sa
place. On le traita plusieurs fois de mouchard et de vendu,
il n'eût jamais le courage de répondre. Certes, nos amis ne
le traitaient pas ainsi sans raison : ils connaissent trop les
ailes de l'oiseau.

Nous l'avons vu se faufiler partout, dans toutes les réunions et toutes les sociétés, dans tous les lieux publics pour
y prendre des renseignements nécessaires, sans doute à
l'ordre social.

Il est maintenant correspondant de plusieurs journaux,
notamment du *Progrès* et du *Réveil*. C'est ce qui fait qu'on
a pu lire quelquefois les mêmes calomnies, surtout à propos
des élection dernières de la prud'hommie, dans ces deux
journaux si opposés dans leurs vues politiques.

Graignon a son bureau à l'hôtel-de-Ville : il s'en sert
pour son embauchage politique comme d'une agence.

Ami intime du sieur Decarme, depuis qu'ils se sont compris dans l'œuvre de division ouvrière qu'ils poursuivent,
il rédige les lettres que son ami signe : il est devenu ainsi
le secrétaire secret et indispensable du traître cynique bien
connu comme chanteur-ambulant, métier des rues très
profitable aux mouchards politiques, mais dur à faire aux
honnêtes gens qui veulent y gagner leur vie.

Ce qui prouve que Graignon est l'intime ami (qui se
ressemble, s'assemble), et le secrétaire du compagnon Decarme ce sont les faits suivants :

Decarme nous a, un jour, déclaré lui-même avoir obtenu le concours de Graignon pour rédiger une lettre sollicitant de l'*Echo du Nord* l'obtention de la correspondance et la vente du journal sous le patronage de l'administration munipale. D'un autre côté, Graignon nous a avoué, dans un entretien, avoir écrit plusieurs lettres pour son coreligionnaire Decarme. Ils sont tellement d'accord ensemble, ces deux frères Siamois, qu'un jour, pour une difficulté survenue entre Mille et Graigon, celui-ci et Decarme essayèrent pour se venger, de lui retirer le pain de la bouche.

Certes ce n'est pas un crime que nous faisons à Decarme de ne pas savoir écrire et de faire écrire toutes ses lettres par une autre main que la sienne, mais qu'au moins cette main soit nette. Nous avons voulu montrer simplement les liens qui unissent ces deux individus dans l'ignoble besogne qu'ils remplissent.

C'est même grâce à ce policier non retraité qui tient, comme nous l'avons déjà dit, agence politique à la mairie, que le compagnon Decarme a maintenant et surtout depuis la grève ses grandes et petites entrées à l'Hôtel de Ville; les couloirs de la Maison dont devenus ses avenues.

Lorsque Decarme est à Armentières, on peut le voir trois ou quatre fois par jour à la mairie, où il s'entretient avec son ami Graignon et où il est fier de recevoir les ordres de Mossieu l'Maire.

A propos de Graignon, une histoire dont il est le héros et qui s'est passée à la suite de la grève des tissages. A cette époque, une grève devait se produire dans la corporation des charbonniers, à la suite d'un différend entre eux et un gros industriel concernant le prix de déchargement, grève qui fut évitée par suite de conciliation. Le soir même, les charbonniers contents du triomphe de leur droit. se promenaient en groupes, bras dessus, bras dessous, tout joyeux et en chantant. L'un d'eux se mit à crier « Vive la grève ! » On ne sait ce que ce cri de séditieux aurait eu de conséquences pour l'ordre et la tranquillité publique, si Pandore ne l'avait entendu, mais Pandore l'avait entendu, car il veillait·

En effet, à peine ce cri avait-il été lancé, que plusieurs gendarmes qui s'amusaient depuis le matin au *Chapeau-Rouge*, sortirent de l'auberge et vinrent empoigner les perturbateurs et les conduisirent au poste. Là, ils passèrent à tabac les pauvres diables, les rouèrent de coups et les flanquèrent de pied ferme à la boîte.

Graignon, témoin de cette scène, s'indigna, ce grand cœur, à la vue de cette barbarie; il protesta, contre ces actes révoltants; il menaça d'en informer la presse. Pandore, intrigué, voulut connaître cet importun qui rageait contre l'autorité. On lui fit connaître Graignon. Alors Pandore le menaça à son tour de lui faire savoir de ses nouvelles par le maire.

Le même jour, Graignon nous certifia qu'il allait protester dans les journaux dont il était le correspondant, puis écrire au préfet, etc.

Bref, nous nous attendions à quelque chose de piquant dans notre Landerneau politique, mais il n'en a rien été.

Il paraît que le maire devait intercéder en faveur des victimes de Pandore, mais cela n'a guère empêché les juges de flanquer à ces malheureux ouvriers, des peines variant entre deux et quatre mois de prison.

Nous avons, depuis, interrogé Graignon sur sa protestation oubliée, et chaque fois, ce dernier nous a répondu que s'il n'avait pas fait cette protestation, c'est parce que le maire avait promis d'intervenir auprès du parquet, en faveur des malheureux. Nous avons compris, après le jugement, que Graignon ne pouvait pas se mêler de cette affaire que son rôle d'araignée politique consiste à tisser sa trame ténébreuse, et rien de plus.

Le rôle de Decarme

Au Pilori les traîtres !

Pour bien connaître l'homme, il n'est pas nécessaire de le fréquenter longtemps.

Mais enfin c'est un drôle, qu'il est de toute urgence de clouer au pilori de l'opinion publique.

Certes, en ce moment nous exécutons ce traître avec la haine au cœur. Cette haine ne provient pas d'une antipathie personnelle, ni d'une rivalité d'ambition, ni surtout d'une intolérance politique, : ce serait là un bien vil sentiment, une bien basse passion pour des hommes qui veulent le règne de la justice et de l'égalité. Nous faisons ici le procès de Decarme, nous le mettons au banc de l'opinion publique parce que l'individu est un traitre à sa classe, un stypendié, dont la bourgeoisie de notre ville se sert comme auxiliaire pour semer des embûches à l'organisation et à l'éducation politique et sociale du prolétariat.

Nous connaissons Decarme depuis des années déjà. Il tenait un estaminet alors, et le métier de vendeur de chopes ne lui salissait pas les mains.

Nous l'avons connu vers 1881-1882.

C'est à l'époque de l'apparition du journal : *le Forçat*, organe du Parti ouvrier de la région du Nord, que Decarme se fit le propagandiste du socialisme.

C'est à son estaminet de la rue de la Lys, que les socialistes révolutionnaires tenaient leurs réunions. Alors, le sieur Decarme aidait notre regretté ami Jouquet, administrateur du journrl *Le Forçat*. Il y eut même à cette époque avec le concours de Jouquet. une conférence à l'estaminet de la *Bonne-Rencontre*, rue du Plat, sous le patronage de Decarme.

C'est eu 1883 que Decarme devint anarchiste. Donc, depuis cette époque, ce citoyen socialiste devint un compagnon anarchiste, parce qu'il trouvait que le bulletin de voté est la plus grande mystification du siècle, que ce système était une lâcheté révolutionnaire, et que rien ne valait la propagande par le fait. c'est-à-dire le revolver, la bombe et le rossignol. le vol. le pillage et l'assassinat en permanence. Jusque-là, rien à dire. Toutes les opinions et même toutes les folies sont respectables

Surtout, qu'on ne reproche jamais au compagnon Decarme de ne point avoir uni l'action à la parole. En grande partie, les membres de la secte anarchiste ne montrent pas eux-mêmes une assez forte confiance à cette sorte de propagande ; ils savent bien que, pour risquer leur peau, le jeu n'en vaut pas la chandelle. Ils sont même heureux parfois d'un ouvrier, qui, animé de l'idée de vengeance, exécute son exploiteur et s'exécute à son tour, pour faire passer ce vengé pour un des leurs.

On sait que le compagnon Decarme était avant qu'il soit par nous démasqué, un farouche anarchiste et un redoutable révolutionnaire, mais, comme l'a si bien dit le manifeste adressé aux électeurs prud'hommes de toutes les victimes qu'il a faites *« autant de tués que de blessés, il n'y a personne de mort. »*

Encore une fois, nous ne voulons pas y mettre de parti-pris. Le compagnon Decarme pouvait avoir des idés les plus bizarres, les plus exaltées, c'était son droit.

A cela, toujours rien à dire !

Parlons d'autres choses.

On se rappelle trop bien de la conduite de ce compagnon dans certaine société de libre-pensée dont ce dernier fut exclu pour avoir essayé de la démolir. Or, pour un citoyen qui a la prétention de ne plus avoir « Ni Dieu ni maître », ce n'était pas une conduite à tenir.

Ce n'est rien que cela !

En 1883, il y eut dans notre ville une élection au Conseil général. Il y avait comme candidats bourgeois : Mahieu, soi-disant républicain modéré, et Victor Pouchain, candidat de la fine-fleur de la réaction.

Il est donné de croire que le sieur Decarme s'est vendu à cette époque au comité légitimiste, puisque pendant la période électorale, il distribua une petite circulaire intitulée *Un peu de lumière,* critiquant le candidat républicain et jetant des fleurs... de réthorique en passant au candidat franchement réactionnaire. Puis, pour essayer sans doute d'influer sur les électeurs ouvriers, dont la majorité est républicaine, l'extra-anarchiste affichait en plein jour, dans les rues et les réunions, des affiches demi-colombier, prêchant l'abstention.

Aussi, cette campagne de Decarme pendant cette élection locale, valut la belle renommée, la belle réputation des compagnons et amis de Decarme d'anarchistes réactionnaires; la population ouvrière était écœurée de l'ignoble conduite des soi-disant anarchistes révolutionnaires; et partout, de toutes parts, ce n'était qu'un tolle général d'indignation.

A propos de cette élection, le renégat Decarme, dans une de ses nombreuses lettres calomnieuses, où le cynisme et l'injure font toute la valeur du style, et que le journal d'Armentières s'est empressé d'insérer, reproche au citoyen Deschildre, — et cela sept ans après — d'avoir. à cette époque reçu de ses mains deux cents placards « Mort aux voleurs » puis de les avoir fait disparaître, pour servir l'élection de son patron alors candidat, qui, l'ayant appelé à son bureau. lui promit 20 francs par jour, et une place de contre-maître mais que les élections terminées, le patron. loin de choisir ce « Judas » s'empressa de le mettre à la porte de son atelier. Le renégat anarchiste ose dire à ce sujet que, pour Deschildre, « l'argent avant l'intérêt de la République comme le comptoir avant l'intérêt des travailleurs. » Cette tirade est typique de la part d'un vendu à toutes les réactions bourgeoises.

C'est un dimanche, vers trois heures de l'après-midi, que Decarme, se rendant à une réunion anarchiste, organisée par lui sur la route d'Houplines, à l'Estaminet de la *Belle-Vue* apporta chez Deschildre un paquet desdits placards que ce dernier, sans méfiance, déposa sous sa garde-robe. Mais peu curieux d'entendre les blagues fulminantes du célèbre *compagnon* de l'anarchie, Deschildre ne se rendit pas à cette réunion où il n'y eût, du reste, que trois pelés et deux tondus mais dont la présence du commissaire et du maire, fut bien gênante pour le propagandiste fougueux. Aussi, chose étrange, cet orateur qui devait expliquer les idées anarchistes, et préconiser la propagande par le fait, qui devait tenir en un mot le discours le plus violent contre l'ordre social actuel, prit la parole d'une façon si modérée, si humble, que les anarchistes du groupe : les justiciers, le rappelèrent à l'ordre. et exigèrent de lui un tout autre langage, en lui faisant sentir qu'il n'était pas là pour faire de la propagande bourgeoise. Decarme ne voulant point se rendre aux objections de ses amis, fut vertement tancé par eux, et la séance fut levée. C'est à la suite de cette piteuse

réunion que Decarme raconta aux autorités présentes ce
que l'on faisait dans son groupe, et dénonça ses amis. Deschildre ayant appris qu'il se trouvait dénoncé, comme le
possesseur du paquet de placards, les mit en tas dans sa
cour, et y mit le feu. Depuis cette époque, Decarme, le
délateur, qui trouva le moyen de se vendre à la réaction
blanche, et qui se trouve aujourd'hui au service
de la réaction tricolore, n'osa jamais venir réclamer son
paquet. On peut dire que, depuis lors, il fut suspect à Deschildre et à ses amis, sur le compte desquels il vivait en les
escroquant sous de nombreux prétextes.

A cette époque, Deschildre était déjà secrétaire de la
Chambre syndicale des peigneurs de lin; il réussit, grâce
à son énergie, par faire augmenter de plus d'un quart, les
salaires des ouvriers de chez Mahieu, ou il travaillait,
augmentation qui porta les salaires de 21 et 22 francs qu'ils
étaient, à 27 et 28 francs par semaine.

Lors de l'élection au Conseil général, son patron alors
candidat, l'appela à son bureau et le pria de propager sa
candidature mais jamais il ne lui offrit de l'argent ni aucune
place, Deschildre et le secrétaire général du syndicat tous
deux présents devant le patron lui promirent d'agir comme
ils le jugeraient utile après avoir consulté leurs camarades
de travail ainsi que le syndicat qui décidèrent d'appuyer la
candidature républicaine dans l'intérêt supérieur de la République. Nul doute que le citoyen Deschildre agirait autre-
ment, dans pareil cas étant à présent socialiste convaincu et
membre du Parti ouvrier, c'est-à-dire — comme il l'a
montré depuis, dans d'autres circonstances — qu'il ferait
de l'agitation pour l'émancipation sociale des travailleurs :
il ferait de la lutte de classe. Le citoyen Deschildre fut
mis à la porte du bagne Mahieu, mais à la suite d'une récla-
mation et plus de cinq mois après la susdite élection. L'é-
lection avait eu lieu le mois d'août 1883 et Deschildre fut
renvoyé en janvier 1884. Et pour prouver que ce citoyen
n'est pas un homme dont l'argent « vacant l'intérêt des travailleurs » nous devons rapeler que lui et son ami le secrétaire général refusèrent dignement une place de fonctionnaire de la ville que leur offrait le parti bourgeois.

Quant au sieur Decarme, il se sauva à Amiens où ses co-religionnaires politiques le remarquèrent se pavanant sur les boulevards avec chaine et montre en or sur le ventre.

Qui ne se rappelle le rôle ridicule de cet apôtre de l'anarchie pendant la grève monstre de mars 1889. Qui ne se rappelle dans cette condition ce triste sire fut nommé délégué?

Les patrons ayant accepté le tarif réclamé par les ouvriers, la grève était considérée comme terminée. Mais quelle ne fut pas l'extrême surprise des ouvriers tisserands de voir le lendemain même ce tarif violé.

Ce que voyant un certain nombre de délégués se réunirent à l'estaminet du Lion-d'Or, rue du Plat, pour discuter sur la violation du tarif. Tout à coup un groupe d'ouvriers furieux entre dans l'estaminet. Les délégues furent traités par eux de vendus et de Bazaines. Les délégués voulant faire la preuve de leur bonne foi et de leur loyauté se rendirent à l'hôtel de ville. En présence du commissaire ils s'élevèrent contre la violation du tarif-violation qui produisait le plus vive mécontentement parmi leurs camarades.

Le commissaire leur déclara que ce tarif était valable, que c'était une véritable convention adoptée et signée par eux; qu'ils devaient se remettre au travail et inviter leurs camarades en grève d'en faire autant; tandis que s'ils persistaient à la grève, ils se mettaient sous le coup de la loi.

Le fameux Decarme qui se trouvait dans l'affaire se rangea de l'avis du commissaire; il renia ses camarades en déclarant que, quant à lui, il ne se souciait pas de trinquer pour les autres et qu'il ne se fichait pas mal de la grève.

C'est grâce à des faux bruits qu'il fit habilement courir qu'il fut nommé délégué des grévistes.

Il semblait alors que la grève allait mieux aboutir; que l'on avait enfin affaire à un vigoureux meneur; cet individu qui depuis quelques années faisait parades d'hommes d'action et d'ennemi juré de la bourgeoisie, ce Judas doublé d'un Pilate qui paraissait au fond des grévistes prêts à tout pour obtenir leurs justes réclamations, pour le nec plus ultra du moment fut même porté en triomphe. La grève semblait entrer ainsi dans sa période aiguë dans sa phase sanglante mais les patrons qui espéraient voir à l'œuvre les fusils Lebel furent déçus dans leur dessin criminel : Decarme manqua à son devoir. Le pître odieux manqua de courage,

Dans une réunion à la *Brasserie Humanitaire* devant un auditoire de 4000 ouvriers, il avait dit ces paroles textuelles :

« Travailleurs ! nous allons retourner à 3 heures, à l'hôtel de ville, auprès des autorités publiques et du syndicat des patrons. Je vous jure sur ma parole d'honneur que, si nous ne pouvons obtenir une réponse favorable, je suis complétement déterminé à faire le sacrifice de ma vie, de ne pas tenir compte des baïonnettes et par conséquent avant de vous quitter je tiens à vous recommander ma femme et mes enfants. Adieu, adieu ! »

Or, tout le monde a pu apprécier la piteuse et lâche attitude de ce farceur devant les autorités et les patrons. Cet individu qui devait faire le sacrifice de sa vie se ballade dans les marchés et sur les places publiques où il essaie de faire écouler ses ballots de chansons ineptes et chauvines dans les masses ouvrières, s'amusant de temps à autre à calomnier le Parti ouvrier et ses militants les plus en vue dans des épitres injurieux que le canard mal plumé qui ne devrait plus avoir d'autre titre que celui de « l'égout d'Armentières » publie avec une complaisance incroyable.

Bien mieux, cet individu, adversaire du bulletin de vote, adversaire acharné de la constitution, à Armentières d'un conseil de prud'hommes, au point de venir en janvier 1889, dans une réunion à l'estaminet du *Violon d'or*, contrecarrer le citoyen Delcourt, de Lille, qui était venu pour démontrer la nécessité du fonctionnement de cette juridiction corporative qui rend tant de services au prolétariat partout où ces conseils de la prud'hommie sont entre les mains des ouvriers socialistes, devint candidat aux élections prud'hommes dernières dans les conditions suivantes :

Après la grève de mars 1889, les socialistes s'aperçurent que Decarme se plaisait à les voir et à leur causer socialisme. Ce renégat paraissait venir à des sentiments plus pratiques ; il lâchait carrément l'anarchie et louait à présent le bulletin de vote. Les socialistes flairant un piège continuèrent à surveiller les allures de Decarme. Au bout de peu de temps ils surent ce que cet individu ambitionnait : 1° une place au conseil de prud'hommes ; 2° une place au conseil municipal. Le fourbe déclara ses prétentions ; il désirait donc les fonctions publiques, soit pour satisfaire son ambition subite, soit pour mieux tromper ou pour vendre avec plus de profit les travailleurs. Il déclara même un jour à nos amis Deschildre et Flament, qu'il aurait désiré le plus tôt possible prendre la place d'un camarade moins capable que lui au Conseil des prud'hommes, et il les supplia de presser sur lui de toute son influence pour faire rendre sa démission. Connaissant son plan nous prîmes des mesures sévères contre lui, le suspectant avec juste raison de vouloir jouer un mauvais tour à notre section locale. C'est à la conférence Ferroul et Baudin que nous commençâmes le feu. La grève venait d'éclater chez Dulac. Près de 1000 ouvriers étaient accourus à cette conférence où ils firent une chaleureuse ovation à la bonne parole des deux députés socialistes. Comme conclusion de cette grande réunion, il fut proposé à l'assemblée si oui ou non la Commission administrative du syndicat pouvait prendre l'initiative des voies et moyens d'assurer le succès de la grève. Cette proposition fut acceptée à l'unanimité.

Or, il y avait 7 à 8 jours que la grève durait, lorsque Decarme rentrant à Armentières d'une tournée ambulante qu'il avait faite, voulut prendre instantanément la direction de la grève.

Profitant d'une réunion des grévistes, Decarme prit la parole. Le délégué Deschildre présent se retira en déclarant aux délégués ses impressions sur ce triste sire dont le rôle louche avait été si souvent funeste aux intérêts des ouvriers. Aussitôt les délégués, moins un seul, furent unanimes à déclarer qu'ils ne voulaient plus voir Decarme dans la salle. Le lendemain, à trois heures du soir, une réunion eut lieu. Un gréviste demanda la parole pour Decarme. Le citoyen Deschildre profita de l'interruption pour s'expliquer en ces termes: Citoyens, vous connaissez Decarme et vous nous connaissez; vous savez qu'il y a eutre cet homme et nous des divergences de vues, des façons de de voir et de faire qui nous séparent profondémeat. En outre de ceci, je dois vous dire qu'il est de cesgensavecqui je ne veax ni pour lutter côte à côte parce qu'il n'est pas digne de cela. Vous connaissez assez cet individu pour ne pas m'obliger à en dire davantage. Aussi j'engage le président de bien vouloir mettre aux voix la proposition suivante.

« Que ceux qui sont partisans d'adjoindre le nommé Decarme à la délégation de la grève pour en prendre la direction et essayer d'en assurer le succés; veuillent le témoigner en levant la main? »

(Il eut deux voix). Sur la demande du président que la commission puisse continuer dans les mêmes conditions, il y eut unanimité moins les deux voix. Se voyant expulsé et déjoué, le compagnon en ressentit une haine très vive contre le Parti ouvrier. Il organisa dans le jardin de la musique et sur la place du Rond-Point des réunions d'ouvriers sans travail où il engageait ceux-ci à aller travailler à la place de leurs camarades en grève. Pendant toute la durée de la grève il resta à Armentières pour essayer de la faire avoiter et de semer à son aise la division dans la classe ouvriére.

Vinrent ensuite les élections complémentaires du Conseil des l'rud'hommes. Le sieur Decarme eût le front de se présenter; au nom de prétendus anciens camarades d'ateliers, sa candidrture de « protestation contre les prétentieux du jour. » Il s'en remit aux électeurs en son absence d'Armentières pour quelques jours, le soin de disposer de son nom. Ce candidat du journal d'Armentières eût le soin de prévenir les électeurs que comme père de famille il n'avait pas d'argent pour faire imprimer des affiches et des bulletins Mais cette comédie de l'anarchiste votard échoua piteusement.

La Section armentiéroise du Parti ouvrier qui avait contribuée de toute son énergie au fonctionnement de cette justice corporative suppendu depuis 1883 presenta une liste de candidats; elle lutte vaillamment contre le candidat de l'opposition opportuniste et lança une circulaire qui, dévoilant l'ignoble conduite du sieur Decarme, eût le bonheur de produire une grande impression dans la classe ouvrière.

Le jour de l'élection, le citoyen Rémy Flament était élu avec 350 voix et Decarme n'obtint que 9 voix. La chute de ce pitre a été profonde: l'exécution fut complète.

Dès le soir même, Decarme revenu à Armentières pour apprendre le résultat, fut pris d'une rage folle contre nous et essaya depuis de venger sa défaite sanglante par toute une campagne de calommies et d'injures, bien heureux de trouver à sa libre dépostion un organe qui se prête facilement à ses œuvres policières et jésuitiques qui consistent à jeter la bave, le venin, le poison de la calommie contre les honnêtes gens dans l'intention d'enrayer, sinon de détruire l'œuvre d'émancipation qu'ils poursuivent. Mais, hélas! Judas Decarme et Bazile Verbaere, vous perdez votre venin et votre temps.

⸻ ◆ ⸻

NOTES DOCUMENTAIRES

Dès le soir même des élections prud'hommes du 2 juillet 1890, Decarme, furieux d'être battu, écrivit une lettre publiée le lendemain dans la feuille de chou de Verbaere, accusant le « comité socialiste réactionnaire d'Armentières » d'un « démasquement » complet et dans laquelle il affirme que les élections du citoyen Vasseur au Conseil général ont été payées par la réaction offrant même d'en fournir les preuves ; il affirme également « qu'un membre du même comité a, l'an dernier, détourné une somme de 216 francs, qui devait être donnée aux grévistes du Pont-de-Nieppe. » Puis il termine en menaçant de faire un mémoire dans lequel il fera

connaître « tous les trucs de ces ignobles perso-
nages, de la façon dont ils traitent leurs femmes
et leurs enfants, » etc.

A la suite de ce tissu d'infamies, le Parti ouvrier Armentiérois organisa, le 7 juillet, à la brasserie Humanitaire, une réunion où l'ultra-anar-
chiste Decarme fut invité à venir fournir les preuves
de ses accusations. Ce lâche diffamateur se garda
bien de venir (et pour cause). Dans cette réunion
nombreuse, où 400 électeurs prud'hommes étaient
réunis, l'ordre du jour suivant fut voté par accla-
mation :

« Les travailleurs réunis salle de la *Brasserie*
» *Humanitaire*, le 7 juillet 1890, après avoir enten-
» du les citoyens Deschildre et Delcourt réfuter une
» à une toutes les accusations infâmes portées par
» le sieur Decarme, contre le comité du Parti ou-
» vrier (section Armentiéroise), protestent énergi-
» quement contre ces fausses accusations.

» Ils prennent l'engagement formel que partout
» ou ils le rencontreront de faire connaître sa con-
» duite lâche et hypocrite au public, en crachant
» tout leur mépris sur son ignoble face. Considé-
rent le sieur Decarme comme un agent provocateur
à la solde du pouvoir central et des patrons, pour
exciter les travailleurs à des actes de violence et
pour semer ainsi, parmi eux, un esprit de discorde,
de haine et de terreur, attendu que le sieur Decarme n'a jamais eu le courage de mettre ses actes
d'accord avec ses paroles. Blâment la conduite
pleine de trahisons et de compromissions honteuses
et viles du sieur Decarme et la signalent à tous les
» travailleurs des centres industriels. »

De son côté, le citoyen Vasseur écrivit une lettre
au *Journal d'Armentières* pour protester contre les
calomnies lancées contre lui et proposa à ses calom-
niateurs « un tribunal d'honneur *que je leur laisse,
disait-il, la liberté de constituer et auquel je prends
l'engagement d'assister, accompagné de mes amis.* »
Cette lettre si digne était accompagnée de commen-

taires du comité central de la section armentièroise déclarant que personne plus que lui ne demandait la lumière et qu'il était bien aise de connaître le lâche calomniateur du Parti ouvrier dont il avait su en certains temps, profiter de ses complaisances et goûter ses douceurs, notamment chez les citoyens Delcluze et Salembier de Calais, mais ces commentaires ont été soigneusement écartés.

Mais si le délateur Decarme ne se présente point dans les réunions où on l'appelle ; si, quand on se présente devant lui, il fuit comme le chien de Jean de Nivelle, il écrit abondamment, mais d'une façon ignoble comme toujours.

Dans une autre lettre, le sieur Decarme, lui, dont les affiches et les circulaires : *Un peu de lumière* furent payées par un personnage que nous connaissons, et dont le salaire pour sa propagande abstentionniste a été payé à l'estaminet *Des Quatre-Chemins* à l'angle des rues Neuve et de Strasbourg, (lieu de rendez-vous, à cette époque de la fine-fleur de la réaction), ose accuser les militants socialistes dont Deschildre d'être soudoyés par ce même personnage. Un démenti formel et énergique répondit à Decarme. Ce qui n'empêcha point le cynique renégat, le parjure de rééditer, dans une lettre datée le 23 juillet, les mêmes calomnies.

Dans toutes ses lettres, le lâche individu parle de propos tenus par Pierre et par Paul. ; il cite des noms, dénature des faits ; il se déclare coupable lui-même pour donner plus de poids à ses odieuses accusations ; il affirme, mais ne prouve rien ; il accuse, et ne donne d'autres témoignages que le sien et quel témoignage, hélas ! le témoignage d'un faux-frère, d'un traître, d'un lâche, le témoignage de Judas et de Tartufe.

Et nous avons fait des réunions pour permettre à notre accusateur de nous accuser face à face ; nous l'avons invité, mis au défi de constituer un jury d'honneur. Notre ami Deschildre, irrité, menacé par ce scélérat d'avoir le ventre ouvert et ses ontrailles arrachées du corps, lui infligea une correction méritée dans l'estaminet de la place Verte; rien ne put faire départir ce triste individu de son ignoble attitude démontrant ainsi par lui-même qu'il tenait moinsque jamais à faire la preuve des faits odieux qu'il avance.

Mais nous le forcerons bien à sortir de sa réserve nous avons démasqué le traître et nous savons aujourd'hui que ce calomniateur au service de la réaction tricolore qui siége à l'Hôtel-de-Ville n'a d'autre but que de diviser les forces ouvrières.

« Diviser pour régner ». est la devise de tous les bourgeois. « La fin justifie les moyens » est la maxime que savent si bien mettre en pratique les bourgeois opportunistes qui gouvernent, et dans l'Etat, et dans la Commune, mais cela ne durera point.

> « De l'espèce humaine,
> » Il est des rebuts,
> » Que le mal entraîne
> » Vers d'infâmes buts. »

CONCLUSION

Non seulement à Armentières mais partout on fait passer les socialistes pour des vendus à la réaction ou pour de vils ambiteux; on nous lance même des policiers dans les jambes; on voit des Decarme un peu partout dénigrant les socialistes par d'odieuses calommies et poussant les masses ouvrières à la violence.

Ces calommies ont pu être crues du prolétariat pendant assez longtemps, mais c'estcela comme les accusations ineptes de pillards et de partageux ça devient vieux et ça finit par ne plus prendre.

Il y a dans notre ville un sérieux coup de balai réparateur à donner dans la Maison Commune Verbaere du monde qui pourront empêcher le aux élections municipales prochaines. Et ce ne sont pas tous les Decarme, les Graignon et les Socialisme de faire cette conquête municipale qui est le premier échelon de l'émancipation politique et sociale de l'humanité laborieuse.

La liquidation bourgeoise s'annonce comme prochaine. C'est que depuis le 1er Mai 1890 un profond réveil s'est produit dans la population ouvrière armentiéroise; les ouvriers ont une tendance très marquée à l'association de leurs forces et à la solidarisation de leurs intérêts: c'est ce qui tracasse le plus la classe patronale dont M. Chas est le plus bel ornement. Et comme c'est le Parti ouvrier qui a provoqué et organisé le mouvement ouvrier, le mouvement social, tout est mis en œuvre pour jeter la suspicion et la haine contre les citoyens courageux qui sont fatalement et par la force des choses à la tête de ce mouvement, qui parlent moins de dynamite mais qui agissent davantage et suivant leurs moyens en portant tous leurs efforts à l'éducation et l'organisation du prolétariat en vue d'un 89 ouvrier.

Que l'on dise et que l'on fasse tout ce qu'on voudra, rien n'arrêtera l'agitation et l'énergie des hommes qui ont vouée d'avance leur liberté et leur vie à l'affranchissement de la démocratie laborieuse du joug de l'aristocratie du capital; ils triompheront de tous les obstacles malgré les lâchetés, les faiblesses et les trahisons qu'ils découvriront autour d'eux; ils atteindront le port du salut qui est le Socialisme. Et qu'on dise ce que l'on veut cette idée sacrée fait à grandes enjambées le tour du monde.

En attendant que nous puissions faire du Socialisme national et universel nous pouvons être appelés à faire du Socialisme communal.

Dans un an ou deux — si les événements nous le permettent — il sera, sans aucun doute, permis au Parti Ouvrier de faire du socialisme communal dans bon nombre de municipalités. Les prolétaires jugeront alors pourquoi les bourgeois de tous les partis auront cherché à contre-carrer même et surtout avec des moyens inavouables la marche progressive du Parti Ouvrier; les prolétaires comprendront alors mieux qu'aujourd'hui les raisons qui font que les bourgeois se servent d'individus traîtres à leur classe, excitant à la violence et à l'émeute, poussant à la haine et à la division les ouvriers entr'eux tout cela dans le but d'empêcher l'union des exploités: c'est tout ce que veulent et désirent les exploiteurs.

Les seigneurs et maîtres de notre cité n'enploient des individus prêts à tout faire comme Decarme que parce qu'ils sentent la fin de leur tyrannie communale. L'Hôtel-de-Ville est entre les mains de l'aristocratie bourgeoise il faut pour le bien public qu'il soit aux mains de la démocratie socialiste ouvrière.

Actuellement les quartiers pauvres sont sacrifiés aux quartiers riches; les impôts communaux sont pour ainsi dire supportés par la classe laborieuse; le petit commerce souffre de la mauvaise gestion des affaires municipales; les rues des quartiers populaires sont mal pavées, mal éclairées; l'assistance publique est mal organisée; les travaux publics qui devraient servir exclusivement au bien de tous servent de sources de revenus aux bourgeois, aux édiles eux-mêmes qui s'arrangent en famille pour se faire exproprier réciproquement, si bien que l'expropriation publique c'est le Pactole où l'or roule par des milliers de petits canaux que l'on appelle les poches des propriétaires.

Quelle transformation si la Maison-Commune tombe un jour aux mains des socialistes! Souvenez vous citoyens que ce qui fait peur aux bourgeois c'est la conquête des pouvoirs publics par le Parti Ouvrier.

Voila tout haut ce que beaucoup pense tout bas

DESCHILDRE.